DÉBUT D'UNE SÉRIE DE DOCUMENTS
EN COULEUR

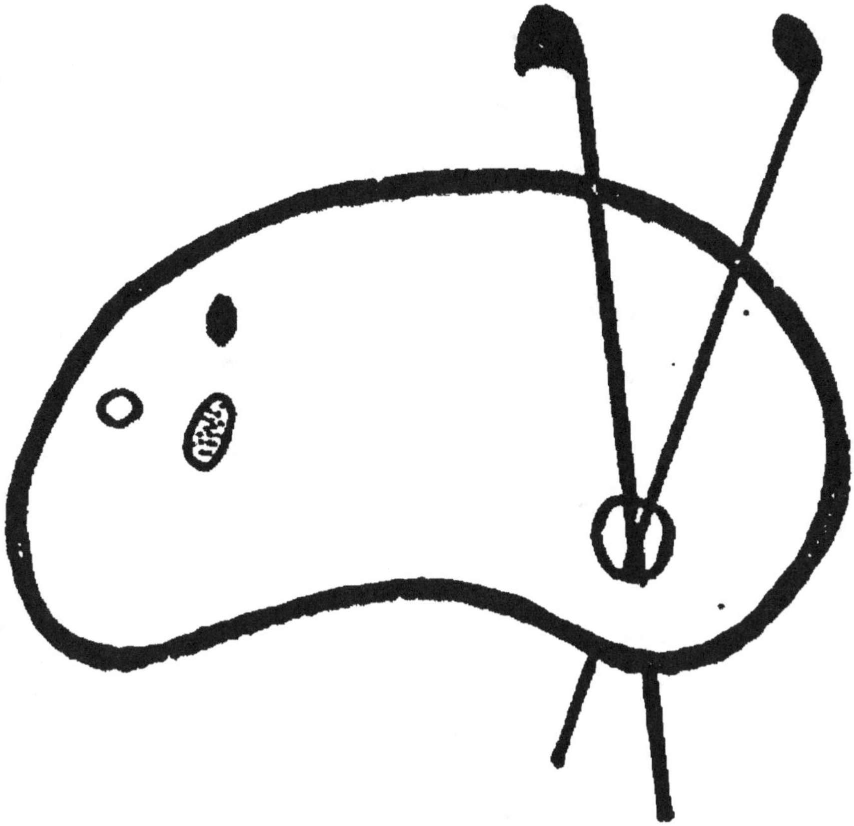

LA MER DES CHOTTS

OU MER INTÉRIEURE D'ALGÉRIE

PAR

LE Dr POITOU-DUPLESSY

MÉDECIN PRINCIPAL DE LA MARINE

CONFÉRENCE

Faite à la Société Bretonne de Géographie de Lorient

DANS L'ASSEMBLÉE GÉNÉRALE DU 11 MAI 1882

LORIENT

IMPRIMERIE LOUIS CHAMAILLARD, LIBRAIRE-ÉDITEUR

place Bisson, 1.

1882

La Commission nommée par le Gouvernement pour l'examen du projet de Mer Intérieure en Algérie vient de formuler ses conclusions. Tout en rendant pleine justice aux beaux travaux du commandant Roudaire, à son énergie, à son patriotisme, à sa persévérance ; tout en reconnaissant que la création de la Mer des Chotts serait, à plusieurs égards, très désirable, et aurait sur *le climat et la fertilité des régions circonvoisines la plus heureuse influence*, la Commission a cependant pensé qu'on rencontrerait dans l'exécution, des difficultés techniques plus grandes que ne l'avait estimé M. Roudaire, et que le coût total des travaux serait de près de 300 millions ; que cette énorme dépense était hors de proportion avec le but à atteindre et que, par suite, il n'y avait pas lieu, pour le Gouvernement, d'encourager l'entreprise.

D'autre part, M. de Lesseps, dans une note remise le jour même au président de la Commission, a d'abord pris acte de ce que l'utilité du travail était hautement reconnue, et de ce que l'on ne formulait d'autre objection sérieuse que la dépense.

Il maintient les affirmations antérieures par suite desquelles le coût des travaux ne dépasserait pas, en acceptant les évaluations les plus défavorables, 120 millions. Il affirme qu'une Compagnie particulière pourrait entreprendre les travaux, et trouverait aux capitaux employés une rémunération suffisante, dans la valeur considérable qu'acquerraient rapidement les immenses terrains, aujourd'hui incultes et simple parcours pour les troupeaux des nomades, dont il demande que le Gouvernement octroie la concession à la Compagnie

On peut donc penser que la question de la Mer Intérieure d'Algérie est, non pas définitivement écartée, mais simplement ajournée.

15 juillet 1882.

P. D.

123

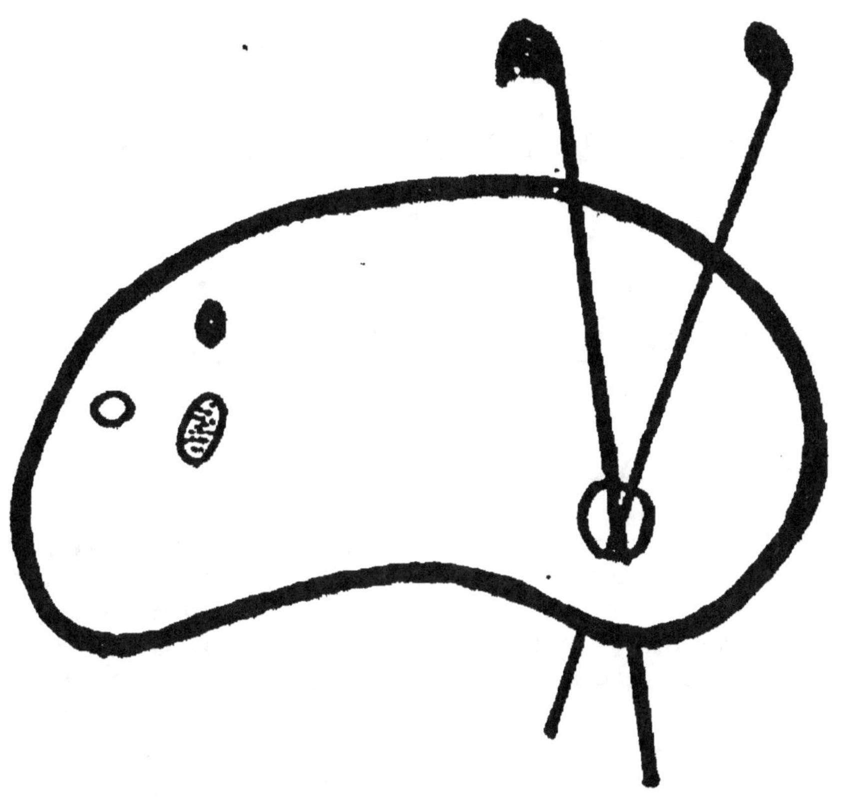

FIN D'UNE SERIE DE DOCUMENTS
EN COULEUR

LA MER DES CHOTTS

OU MER INTÉRIEURE D'ALGÉRIE

PAR

LE D' POITOU-DUPLESSY

MÉDECIN PRINCIPAL DE LA MARINE (')

MESDAMES ET MESSIEURS,

Le savant collègue que vous venez d'entendre, l'écrivain distingué si connu de tous ceux qui s'occupent de la science géographique, et en particulier de tous les lecteurs du journal l'*Exploration* (''), vient de vous exposer avec son habituelle élégance, les grands travaux, les grandes explorations géographiques qui s'accomplissent en ce moment sur tous les points du globe. Il vous a montré l'homme civilisé, ce maître et ce roi de la création, cherchant à déchirer partout les voiles mystérieux qui lui cachent encore une trop grande partie de son vaste domaine ; et dans celle qui lui est connue, luttant avec la nature de toute la puissance que lui donnent son énergie et les conquêtes de la science moderne ; abaissant les barrières qu'elle a élevées, perçant les montagnes et les isthmes, réunissant les mers, creusant des tunnels, fertilisant des régions incultes, *façonnant*, en un mot, le globe qu'il habite, au gré de ses besoins et de ses intérêts. La France a pris une large part à ces travaux gigantesques, qui frapperont d'admiration les âges futurs, et marqueront dans l'ave-

(') Conférence faite à la Société Bretonne de Géographie de Lorient, dans l'Assemblée générale du 11 Mai 1882.

('') M. le capitaine de frégate de Bizemont, un des premiers fondateurs de la Société, et qui venait de faire une très-intéressante conférence sur « les » explorations géographiques en cours d'exécution. »

nir d'une gloire ineffaçable ce XIX° siècle près de s'éteindre. Mais tous les travaux auxquels elle a coopéré jusqu'ici, étaient en quelque sorte des œuvres d'intérêt général, et profitant moins à elle-même qu'à l'ensemble de la grande famille européenne.

Tout au contraire, l'entreprise hardie dont je me propose de vous entretenir ce soir, et pour laquelle je réclame, Mesdames et Messieurs, votre bienveillante attention, est une œuvre *essentiellement, exclusivement française*, par son but et ses résultats ; elle intéresse au plus haut point le développement, la sécurité, la prospérité matérielle de cette magnifique colonie algérienne, que féconde depuis un demi-siècle le sang généreux de nos soldats.

I. — *Historique. Possibilité et moyens d'exécution*

Si vous voulez bien jeter les yeux sur les cartes que nous vous avons fait distribuer, et que notre Société doit à l'obligeance d'un éditeur géographe bien connu, M. Hausermann, vous remarquerez au sud de la Tunisie et de la province française de Constantine de vastes espaces teintés en bleu sur la carte, et portant la dénomination générique de *chotts*, [1] mot arabe qui signifie *écartement*. Ce sont des bas fonds vaseux, couverts d'efflorescences salines, où l'eau ne séjourne qu'à certains moments de l'année, en hiver, quand les pluies de la saison couvrent d'un manteau de verdure une partie des vastes plaines du Sahara, et que les nomades s'y promènent et y font paître leurs troupeaux.

La plupart du temps et pendant tout l'été, les bas fonds sont à sec, recouverts de sels de magnésie, et ressemblants à d'immenses plaines couvertes de gelée blanche. Quand on s'aventure à l'intérieur, les yeux sont éblouis par la réverbération du soleil sur les cristaux magnésiens. Le sol réfléchit les objets environnants ; on

---

[1] De la racine chaththa, *être séparé en deux* (s'appliquant à un fleuve.) Chott signifierait donc *élargissement d'un fleuve*. Le lac de Genève est un chott du Rhône. Le chott El-Arab est formé par la réunion du Tigre et de l'Euphrate — Le *Sebka* est, au contraire, un lac sans écoulement.

(Largeau — le pays de Rirha, p. 32.) Nous trouvons dans cette étymologie une confirmation de ce fait, que dans des temps historiques, le chott -Mel-Rir était le point de déversement de fleuves importants (l'Oued-Djeddi ; l'Oued-Rir, formé par la réunion de l'Oued-Mya et de l'Igharghar ; l'Oued-Souf qui vient de Ghadamès, etc., etc.)

le croirait sur *un lac véritable*. L'illusion est si grande, que pendant les travaux de nivellement, on croyait à certains moments voir les hommes plongés dans l'eau jusqu'à mi-jambe.

Il n'est pas prudent d'ailleurs de s'y aventurer sans guide. Il y a des *trous de vase* où l'on peut disparaître ; dans l'un d'eux surtout, le chott Djerid, le sol n'est formé que d'une couche de sable peu épaisse, supportée par une masse d'eau d'une profondeur inconnue (nous verrons plus loin que c'est précisément cette constitution particulière du sol qui rendra possible l'œuvre entreprise.) La tradition raconte qu'une caravane de 1,000 chameaux, traversant le chott Djerid, et s'étant un peu écartée de sa route, fut engloutie tout entière.

Une erreur de direction de l'animal tête de file avait produit tout le malheur. Le reste de la caravane avait suivi. Ces chameaux me paraissent quelque peu cousins des célèbres moutons de Panurge.

L'ensemble des chotts Mel-Rir, Rharsa, Djerid, etc., représente au sud de l'Algérie et de la Tunisie un vaste bassin de 350 kilomètres de long sur 30 à 50 de large (15,000 kilomètres carrés environ ou *15 milliards de mètres carrés*), et c'est en les réunissant entre eux et à la mer, qu'un officier très-distingué d'état-major, M. le commandant Roudaire, voudrait créer sa *mer intérieure*.

Voici comment cette idée gigantesque a pris naissance :

En 1873, M. Roudaire, alors capitaine d'état-major, et attaché aux travaux de la carte d'Algérie, était chargé des opérations de nivellement à exécuter entre *Biskra* et le chott Mel-Rir.

Il fut amené ainsi à constater que le lit desséché du Mel-Rir était à 27 mètres au-dessous du niveau de la Méditerranée, vers laquelle le sol avait d'ailleurs une inclinaison générale constante ; le lit du chott Sellem qui sépare le Mel-Rir du Rharsa (grand chott tunisien), ayant une profondeur de 40 mètres, il en conclut que, suivant toute probabilité, les chotts tunisiens Rharsa et Djerid doivent se trouver dans les mêmes conditions de niveau inférieur, et qu'en faisant communiquer entre elles cette série de dépressions, il ne resterait plus qu'à ouvrir un passage à la Méditerranée en creusant un chenal à travers le bourrelet de dunes qui les sépare du golfe de Gabès, pour créer à la place du désert improductif, une vaste mer ouverte au commerce et à la navigation.

M. Roudaire exposa ses idées dans un très-remarquable travail publié par la *Revue des Deux-Mondes* en mai 1874, et il les étaya de considérations historiques du plus haut intérêt (bien que discutables à certains égards) sur l'existence dans le passé de cette mer intérieure, à laquelle l'Algérie et la Tunisie auraient dû sous la domination romaine leur fertilité proverbiale.

La question méritait d'être sérieusement étudiée, et une première mission fut constituée en 1874 par *le Ministre de la guerre* pour vérifier les assertions de M. Roudaire. Le Ministre des travaux publics adjoignit à la mission militaire un ingénieur des mines, et la Société de géographie de Paris délégua pour suivre les travaux un de ses secrétaires, M. Duveyrier, si compétent pour toutes les questions algériennes.

Les chotts algériens (Mel-Rir et Sellem) furent explorés à nouveau ; les opérations de nivellement reprises avec le plus grand soin, et il fut incontestablement établi que partout le sol se trouvait notablement au-dessous du niveau de la Méditerranée (15 à 30 mètres.)

Restait à explorer les chotts tunisiens *Rharsa et Djerid*. Mais ces premiers travaux, ces premières promesses de succès d'une entreprise exclusivement française avaient éveillé la jalouse inquiétude d'un peuple voisin, toujours porté à considérer comme son domaine inaliénable tous les territoires autrefois soumis à l'antique Carthage, la grande vaincue d'il y a 22 siècles.

Une expédition italienne s'organisa rapidement sous la direction du marquis Agostini, et après une exploration très-sommaire et fort incomplète du sud de la Tunisie, elle déclara l'entreprise de M. Roudaire insensée et irréalisable, le sol des chotts étant partout, prétendait-elle, fort surélevé, contrairement aux premières assertions émises.

Il y avait dans cette dernière affirmation une part incontestable de vérité, mais il y avait aussi une regrettable exagération dans la déduction. M. Roudaire sollicita en 1876 une mission spéciale pour l'exploration des chotts tunisiens. Cette mission fut subventionnée par le *Ministère de l'instruction publique* et par la Société de géographie de Paris. Il fut démontré que le chott Rharsa était partout à 40 mètres au-dessous du niveau de la mer, assertion qui confirmait les premières prévisions de M. Roudaire. Malheureusement, il n'en était point ainsi du chott Djérid. Sa surélévation réelle venait apporter dans le problème une inconnue, un aléa fâcheux et paraissait devoir augmenter considérablement, avec les difficultés techniques, la somme probable des dépenses à effectuer, des sacrifices à consentir pour arriver au but désiré.

Cependant les habiles explorateurs faisaient justement observer que la difficulté était bien moindre qu'elle ne le paraissait au premier abord. Ils avaient pu étudier la nature du sol, et trouver dans la constitution physique du Djerid lui-même une atténuation notable aux obstacles résultant de sa surélévation. Le fond du chott qu'ils avaient parcouru n'était, d'après eux, qu'un *sol factice*, une croute superficielle, constituée par une agglomération de *sable et de sel*, ayant à peine 1 mètre d'épaisseur, couvercle singulier étendu *sur un immense lac souterrain*, formé d'un mélange vaseux de sable et d'eau salée.

Partout en creusant des trous pour faire des sondages, on avait pu constater ce fait aussi curieux qu'important, et presque nulle part on ne pouvait trouver le fond.

Le Djerid se trouvait séparé du Rharsa par un bourrelet de 3 à 4 kilomètres à peine (seuil de Kriz), mais d'une altitude de 40 mètres, presqu'exclusivement composé de sable, facile dès lors à percer. On est donc en droit de penser que ce bourrelet de quelques kilomètres une fois percé, les eaux du Djerid souterrain se précipiteront dans le Rharsa, et que le couvercle sableux qui le recouvre *s'effondrera*, ramenant ainsi le fond du chott à un niveau inférieur à celui de la Méditerranée. Dans tous les cas, et même s'il n'en était pas ainsi, le chenal de communication que l'on devait établir entre le Rharsa et la mer, à travers le Djerid, ne nécessiterait qu'une profondeur minime — il suffirait d'un canal à petite section, ayant sa pente vers le bassin inondable du Rharsa — la puissance *d'affouillement et de transport* des eaux introduites serait ainsi utilisée pour réduire au minimum les travaux à exécuter de main d'homme. Ce sol du Djerid est partout tellement peu solide, qu'à chaque instant il s'y produit des effondrements naturels, dans lequel des hommes, des chameaux sont engloutis, ainsi qu'il arriva à un malheureux Arabe presque sous les yeux de M. Roudaire lui-même.

En communiquant les résultats de la 2e mission Roudaire, un membre distingué de l'Institut, M. d'Abbadie, saisit l'occasion de faire un éloge bien mérité du magnifique et colossal travail accompli par elle ; de ce nivellement poursuivi en 1,200 stations sur une longueur de 500 kilomètres (distance de Paris à Périgueux) accompli à pied, sous un climat *brûlant le jour, glacial la nuit*, au milieu de dangers de toute sorte, et exécuté avec une précision telle, qu'au point de raccord de 2 nivellements, marchant à la rencontre l'un de l'autre avec des points de départ distants de près de 100 lieues, on trouve à peine quelques décimètres de divergence.

Enfin, dans un rapport lu à l'Académie des sciences (en 1877), le savant général Favé, concluant en faveur de la possibilité de l'exécution de cette entreprise, ajoutait : « L'eau ramenée par » quelque moyen que ce soit dans les chotts du sud de l'Aurès, » exercerait une favorable influence sur le climat de contrées » aujourd'dui désertes, et ferait pénétrer la civilisation au centre » d'un continent livré à la barbarie. »

Le projet prenait corps ; il était permis d'entrevoir que les obstacles qu'il présentait n'étaient pas au-dessus de la science de nos ingénieurs. Il importait cependant d'explorer le seuil de Gabès, relief de 20 kilomètres, qui sépare le Djerid de la Méditerranée, et de constater que sa constitution géologique n'apporterait pas d'obstacles sérieux au percement à réaliser.

Ce fut le but de la 3e mission, transportée à Gabès même par le navire de l'Etat le *Champlain*.

Un homme dont on est sûr de trouver le nom mêlé à toutes les grandes entreprises de ce siècle, celui que l'on a appelé si justement *le grand Français*, le créateur du canal de Suez, le promoteur du futur canal de Panama, j'ai nommé M. de Lesseps, avait accordé dès le début son puissant patronage aux idées de M. Roudaire ; il les avait couvertes devant l'Institut et la Société de géographie de toute la haute autorité qui s'attache à son nom. Il fit plus encore. Il se joignit en personne à cette 3e mission, et se rendit avec elle à Gabès. La mission crut retrouver dans le lit de l'Oued-Melah les traces de l'ancien canal qui faisait jadis communiquer le lac Triton d'Hérodote avec la mer. Dans tous les cas, elle constata que le seuil do Gabès était formé de sable et de marne sableuse au-dessous desquels il n'existait qu'un calcaire de faible épaisseur sans relief sensible au-dessus du niveau de la Méditerranée.

Le rapport de M. Dru, ingénieur des mines, et celui de M. Roudaire, lus à l'Académie des sciences (séance du 30 mai 1881) confirmaient toutes les prévisions antérieures, tant sur la possibilité du travail que sur les moyens d'exécution à employer.

Le remplissage des bassins inondables devait se faire lentement : deux ans devaient suffire pour l'ouverture de la tranchée initiale, six ans pour sa transformation en canal à grande section. Le total des travaux durerait huit années, et leur prix de revient était évalué de 60 à 80 millions au maximum.

C'est dans ces circonstances que le gouvernement, pensant avec raison qu'il y avait lieu de procéder à une sérieuse étude d'un projet aussi grandiose, vient de nommer, dans ce but, une grande commission dont vous avez pu lire, ces jours-ci, la composition au *Journal officiel*, et formée de notabilités du Parlement et de l'Institut, ainsi que de délégués des ministères intéressés. Cette commission, entourée de tous les moyens voulus pour éclairer sa religion, rendra un verdict devant lequel nous nous inclinerons tous avec respect.

II. — *Les objections.*

Voyons maintenant les principales objections qu'on a soulevées contre le projet de M. Roudaire :

1° On a prétendu que la présence de cette mer intérieure exercerait une influence fâcheuse sur le climat de l'Europe méridionale ; que les masses de vapeur d'eau ainsi produites viendraient se condenser *sur les glaciers des Alpes*, les augmenterait dans de notables proportions, et que l'Europe retournerait insensiblement à la période glaciaire. C'est là une exagération évidente. La plus grande partie des eaux provenant de l'évaporation se condenserait sur l'Aurès, au grand bénéfice de la Tunisie et de la province de Constantine. Une faible partie pourrait être portée par les vents régnants sur la Sicile et l'Italie méridionale, dont la fertilité serait accrue. Ce serait un nouveau bienfait à ajouter à ceux que l'Italie doit déjà à la France ;

2° On a dit que par suite de l'évaporation incessante, le fond

des chotts se transformerait rapidement en un vaste banc de sel dû à l'apport constant des eaux de la Méditerranée.

C'est une erreur. La Méditerranée et la mer Rouge se trouvent elles-mêmes dans le cas où serait la mer intérieure d'Algérie. L'apport d'eau douce des fleuves qui s'y jettent ne contrebalance pas les effets de l'évaporation, et son niveau ne se maintient que grâce au courant des détroits de Gibraltar et de Bab-el-Mandeb, qui leur apportent sans cesse le tribut de l'Atlantique et de l'Océan indien. Mais ces courants sont tout de surface, et au-dessous d'eux s'établit un contre-courant qui remporte à l'Océan les eaux sursaturées de sel, et maintient ainsi l'unité de composition. Point n'est besoin, pour cela, d'une grande profondeur : 8 à 10 mètres suffisent pour que les deux courants s'établissent en sens inverse, l'un à la surface, l'autre au fond. M. de Lesseps a d'ailleurs cité ce qui se passe dans la région des lacs amers. Depuis qu'ils sont en communication avec la mer par le canal de Suez, ils se désalent lentement ; les bancs de sel se dissolvent et diminuent ;

3° Un ingénieur, M. Fuchs, prétend que la communication avec la mer n'a jamais existé dans les temps historiques; le Triton était un lac entretenu par des pluies dues à des conditions climatériques différentes, à une période de grande humidité atmosphérique. Il ajoute que pour restituer à la mer intérieure la quantité d'eau que lui enlèverait annuellement l'évaporation, il faudrait un canal de 100 mètres de large, 10 de profondeur, 150 de long, qui coûterait 300 millions. Mais il y a là encore une exagération évidente. Il ne tient compte ni des nappes aquifères souterraines, ni des apports constants dus aux pluies, aux fleuves du versant sud de l'Aurès, à ceux des grands bassins de l'oued Djeddi et de l'Igharghar. Ces conditions climatériques différentes, qui, d'après lui, suffisaient à entretenir le niveau du grand lac, il s'agit précisément de les faire renaître, et le tribut fourni par la Méditerranée ne sera plus qu'un appoint apporté à l'insuffisance des eaux fluviales et pluviales ;

4° M. Cosson, membre de l'Institut, prétend que l'exécution du projet serait nuisible; qu'elle stériliserait le pays par l'abondance des concrétions salines, qu'elle empêcherait d'utiliser la nappe artésienne; enfin, qu'elle détruirait partout les oasis et les dattiers, seule richesse du pays.

M. de Lesséps fait justement observer que partout les oasis sont à une notable altitude au-dessus du niveau de la Méditerranée, et que partout en Egypte, en Tripolitaine, le palmier croît jusqu'aux bords de la mer, à condition d'être sur un sol suffisamment élevé. Or, la grande oasis du Souf, voisin de la mer future, est à une altitue de 70 mètres ; quant aux quelques petites oasis situées sur les chotts mêmes, c'est à peine si elles comprennent 10,000 dattiers d'une valeur moyenne de 100 fr.; on en serait quitte pour indemniser leurs propriétaires ;

5° Enfin, on a nié l'influence favorable sur le climat de l'Algérie ; on a dit que le voisinage de grandes masses d'eau n'empêche pas le désert de s'étendre jusqu'au rivage ; on a cité la Tripolitaine. les bords de la mer Rouge, et la constitution saharienne des îles du Cap-Vert.

Mais il importe de le remarquer, les îles du Cap-Vert sont sur le passage des vents alisés du N.-E. Ceux-ci étant encore à leur origine, descendant des couches supérieures de l'atmosphère, sont absolument secs; ils n'ont pas encore eu le temps de se charger de vapeur d'eau ; d'où résulte l'absence de pluie sur les îles du Cap-Vert, et leur constitution saharienne.

Sur l'emplacement de la future mer intérieure d'Algérie, au contraire, deux vents seulement règnent habituellement : ceux de la région nord, et ceux du sud, deux fois plus fréquents. Ceux-ci, *chauds et secs*, se chargeront de vapeur d'eau (à une température moyenne de 30°, un mètre cube d'air en contiendra 15 grammes). Arrivés aux montagnes de l'Aurès, dont la hauteur est de 2,000 mètres, et les sommets couverts de neige, les couches d'air inférieures sont obligées de s'élever en altitude et de se refroidir *considérablement*. A 10 degrés, chaque mètre cube d'air abandonnera 5 gr. de vapeur d'eau ; à 0°, 10 grammes, qui se condenseront en pluie, et alimenteront les nombreux cours d'eau qui redescendent vers les chotts.

La plus grande partie de l'eau évaporée (près des 2/3) reviendra donc à la mer intérieure, soit sous forme de pluie, soit sous forme de ruisseaux pouvant être utilisés pour des irrigations... résulta merveilleux dans ce pays où la sécheresse seule produit la stérilité où quelques jours de pluie amènent des récoltes merveilleuses où *une terre végétale abondante* attende avc avidité l'eau qui doi la fertiliser.

Si l'on doutait d'ailleurs de l'influence exercée sur le climat par la présence de masses d'eau soumises à l'évaporation, il suffirait de citer l'exemple de l'isthme de Suez, où la pluie était autrefois inconnue, et où, depuis le percement du canal, il pleut assez souvent pour qu'il ait été nécessaire de couvrir les maisons avec des tuiles.

III. — *Les Résultats*

La possibilité de l'entreprise démontrée, et les objections réfutées, il nous reste à en analyser les résultats probables, et à voir s'ils sont en proportion avec les sacrifices demandés.

Mais auparavant, permettez-moi de jeter un coup d'œil historique sur le passé, d'y chercher des enseignements pour le présent et pour l'avenir.

Cette mer intérieure que nous voulons créer, qui avait déjà existé au temps d'Hérodote, quelle est son origine ? Comment a-t-elle été constituée ? Comment a-t-elle disparu ?

Mesdames et Messieurs, la science moderne, vous le savez, est parvenue à remonter dans l'histoire de l'humanité, bien au-delà des plus lointaines traditions des plus anciens peuples ; dans le grand livre toujours ouvert de la nature, en fouillant les entrailles de la terre, elle a retrouvé, écrite à chaque page, l'histoire même du globe que nous habitons, et de ces révolutions gigantesques dont (c'est aujourd'hui matériellement démontré) les dernières eurent l'homme même pour témoin.

Un jour, je l'espère, une voix plus autorisée que la mienne, quelque membre de la société philomatique de Vannes, notre voisine, viendra vous entretenir de cette curieuse époque quaternaire, où l'Europe presque toute entière était recouverte d'un vaste manteau de neige et de glace, et où, dans les forêts de la Gaule, nos rudes ancêtres, à peine vêtus de peaux de bêtes, à peine armés de silex grossièrement taillés, poursuivaient hardiment le grand ours des cavernes, le rhinocéros aux narines cloisonnées, le mammouth à la toison laineuse, aux défenses recourbées, tous ces animaux gigantesques, création fantastique des âges disparus, qu'a ressuscité pour nous le puissant génie de Cuvier.

Au commencement de cette lointaine époque, dont nous séparent plus de cent mille années, d'après les calculs récents des plus savants géologues, la constitution géographique de l'Europe et du nord de l'Afrique était bien différente de ce qu'elle est de nos jours. L'Angleterre était unie à la France par un isthme aujourd'hui disparu ; le détroit de Gibraltar n'existait pas encore, l'Espagne et le Maroc communiquaient ensemble; la Sicile était jointe à l'Italie d'une part, à la Tunisie de l'autre, et toute la partie occidentale de la Méditerranée, celle que nous voudrions pouvoir appeler le *grand lac français*, était bien réellement un lac, une mer intérieure ; par contre, la partie orientale de la Méditerranée communiquait avec l'Atlantique par une vaste mer, occupant l'emplacement actuel du Sahara. Plus tard, le soulèvement du sol se produit ; le relief de l'Europe centrale se dessine ; l'Angleterre, la Norwège émergent et s'élèvent à leur niveau actuel par un mouvement lent et graduel, dont Lyell a calculé la durée à près de 88 mille années. Il en est de même du Sahara, situé aujourd'hui à une altitude moyenne de 70 à 150 mètres au-dessus du niveau de la mer, et qui fournit cependant, par sa constitution géologique et les *coquilles marines* qui le recouvrent, la preuve irrécusable qu'il fût autrefois le fond d'une vaste mer.

Les grands chotts algériens et tunisiens sont les derniers vestiges de cette mer saharienne. A l'aurore des temps historiques, ils constituent encore une véritable mer intérieure, la mer de Triton d'Hérodote communiquant par un large canàl avec la grande Syrte (golfe de Gabès). C'est à l'entrée de ce canal, dans l'île actuelle de Djerba, qu'il convient de voir la célèbre île des Lotophages.

Jason et les Argonautes, ces hardis navigateurs qu'animait le désir de conquérir la fabuleuse toison d'or, au retour peut-être de leur célèbre expédition, visitèrent le bord du lac Triton (xiiie siècle avant J.-C.). Si l'on en croit Hérodote, qui écrivait quatre siècles avant l'ère chrétienne, *Scylax*, dans son périple de la Méditerranée (cinq siècles avant J.-C.), nous montre qu'à cette époque on pénétrait librement dans la mer de Triton ; il en était encore ainsi, sans doute, au temps de Pomponius Mela (ier siècle de l'ère chrétienne).

Bien des traditions historiques se rapportent au temps où la mer de Triton était librement ouverte aux navigateurs.

Tozeur, ville située dans l'oasis du Djerid, conserve encore la tradition du temps où la mer venait battre les pieds de ses murs, et un manuscrit, dans une ancienne mosquée, parle des navires partis de l'antique Egypte et venant aborder à Tozeur.

Non loin de là, à *Cheurfa*, on a trouvé enfoui dans les sables les restes d'une ancienne galère romaine.

Vers le commencement du premier siècle de l'ère chrétienne, le canal de communication entre le lac et la mer commence à être envahi par les sables, et le lac lui-même se subdivise déjà, par l'évaporation, en un certain nombre de lacs partiels, qui devaient devenir par dessèchement les chotts d'aujourd'hui. L'une de ces subdivisions, le Rharsa actuel paraît être le *Lac des Tortues* de Ptolémée (iie siècle après J.-C.)

Ces divers lacs étaient encore pleins d'eau, et même navigables; leur influence bienfaisante sur le climat des contrées environnantes se faisait encore sentir. Faut-il parler, pour le démontrer, de la fécondité proverbiale de la Numidie et de la Tunisie, au temps des Romains et des Carthaginois, de ces grandes colonies romaines de Biskra, d'El-Kantara; de ces ruines colossales attestant une colonisation puissante, un pays riche et civilisé, que le voyageur est tout étonné de rencontrer, dans ce qui est aujourd'hui le désert.

Biskra, autrefois peuplée et florissante, est aujourd'hui d'une insalubrité telle qu'il faut changer tous les six mois la garnison de troupes indigènes.

Entre Biskra et le Mel-Rir, s'étendent des marais empestés (Farfaxia) que la mer submergerait, et qui aujourd'hui sont tellement malsains, que le nomade lui-même est obligé de les fuir.

Peu à peu, par suite de l'évaporation, la mer s'est retirée.

L'Arabe conquérant et dévastateur est arrivé. Pour faire vivre ses troupeaux, il a déboisé les hauteurs, créé partout la solitude, favorisant l'envahissement du désert qui semble marcher avec lui.

Il appartient à la France de rendre à ces contrées, avec leurs conditions climatériques anciennes, leur fertilité disparue.

Jetons maintenant un coup d'œil sur la constitution physique de ce Sahara, que des travaux récents, des explorations répétées nous ont appris à mieux connaître.

Ce n'est point, comme on l'avait longtemps imaginé, la mer de sable unie et monotone, uniformément étendue des pentes méridionales du grand Atlas aux contrées mystérieuses du Soudan.

Le général Daumas, si compétent pour tout ce qui concerne l'Algérie (bien qu'on puisse lui reprocher d'être un des créateurs de la légende admirative pour l'Arabe), a fait magnifiquement ressortir la physionomie particulière que présentent les trois parties essentiellement différentes du Sahara; distinction capitale que met en lumière dans ses ouvrages M. Largeau, le hardi explorateur.

On trouve, en effet, dans le désert :

1° Le désert proprement dit (Falat), la mer de sable. *Les dunes, semblables à des vagues solidifiées*, s'étendant sur des espaces immenses, *sans eau*, sans puits, sans végétation, *pays de la soif, pays de la mort*, extrêmement redouté par les caravanes obligées de le traverser, et que le terrible simoun engloutit quelquefois dans son *linceul mouvant*, suivant la belle expression du poëte ;

2° Les grands plateaux pierreux, les grandes plaines unies, non sablonneuses (Kifar, Hammada), en été, brûlés par le soleil, mais en hiver, *verdoyants*, couverts d'arbustes épineux, géraniums, héliotropes, etc. Dans ces vastes *prairies sahariennes*, et surtout dans les dépressions *humides* qui les séparent, les nomades conduisent leurs troupeaux, chassent le lièvre, la perdrix, la gazelle, l'autruche, montés sur leurs maigres et rapides chevaux, aidés de leurs slouguis, grands lévriers d'une force et d'une vélocité extraordinaires, et de faucons parfaitement dressés comme ceux des châtelaines du moyen âge ;

3° Dans les vallées elles-mêmes, de distance en distance, partout où existe un cours d'eau, une source abondante, ou des puits *naturels ou artificiels*, l'Oasis (Fiafi), perdue au milieu des mornes solitudes. Là prospère le *palmier dattier*, la fortune, la richesse des Sahariens, planté en lignes régulières dans des jardins séparés par des masses de terre entre lesquels circulent des chemins creux. A l'ombre des palmiers, grâce à l'humidité partout entretenue, croissent des arbres fruitiers, des légumes, des orges, des blés. La culture est prodigieusement rapide, et l'on commence déjà (dans le Rir et le Souf), à cultiver le coton.

Ainsi, le Sahara n'est ni improductif, ni privé d'eau.

Partout, *dans les vallées, dans les dépressions du sol, existent des sources abondantes* que l'on peut retrouver, ainsi que le démontrent les nombreux puits artésiens que nos officiers y creusent chaque jour, et qui deviennent le centre et le point de départ de nouvelles oasis. Celles-ci peuvent s'échelonner progressivement sur le parcours des anciens fleuves, aujourd'hui disparus sous les sables, mais qui jadis coulaient à ciel ouvert.

Parmi ces fleuves souterrains dont le lit ancien est desséché, mais dont on peut retrouver la trace, et la sonde à la main ramener les eaux à la surface du sol, citons d'abord l'*Oued-Djeddi* (la rivière du chevreau,) qui coule de l'ouest à l'est, vient du Djebel-Amour, passe à Laghouat, et se jette dans la partie nord-ouest du Mel-Rir. Citons aussi l'Oued-Rir, formé du confluent de l'Oued-Mya (qui passe à Ouargla) et de ce mystérieux Igharghar qui, descendu du Djebel-Hoggar en plein pays touareg, coule du sud au nord, et se dirige vers le Mel-Rir, en passant par Tuggurt.

Citons aussi l'Oued-Souf qui vient de Ghadamès et donne la fertilité à une vaste oasis habitée par une population soumise à la France et très-fidèle. Tous ces fleuves autrefois, comme le Nil dans l'antique Egypte, voyaient leurs rives fertiles, parsemées de nombreux villages et d'une population agglomérée, composée partie de Berbères guerriers, partie de nègres laborieux et agriculteurs.

L'invasion arabe est venue. Les Berbères ont été refoulés dans les montagnes soit au nord (Kabyles), soit au sud (Touaregs, Hoggar,) les nègres réduits en esclavage ; les cultures négligées ou détruites ; en même temps, le lac où ces fleuves se déversaient, venant à baisser de niveau ou à disparaître, le cours de ces mêmes fleuves s'est précipité : l'évaporation a augmenté. Leur lit s'est graduellement desséché.

Le désert qui semble marcher avec l'Arabe a gagné tout ce que perdaient la culture et la civilisation.

Mais cette fertilité et cette prospérité peuvent renaître. Il en est de même des nombreux cours d'eau aujourd'hui desséchés qui descendaient jadis du versant sud de l'Aurès vers le Mel-Rir. Là s'étend une plaine de 150 kilomètres, jadis d'une fertilité proverbiale. Aujourd'hui, faute d'eau, ce n'est qu'un terrain de parcours pour les nomades.

Les expériences faites pendant les explorations de M. Roudaire à l'aide de l'évaporimètre cylindrique de M. d'Abbadie ont montré que sous ces latitudes et ces températures, une surface d'eau à l'air libre perd par l'évaporation en moyenne 3 millimètres par jour, soit *un mètre par an* environ. La surface des bassins inondables étant d'environ 15,000 kilomètres carrés (ou 15 *milliards* de mètres carrés,) c'est environ 15 milliards de mètres cubes d'eau qu'ils perdraient annuellement par évaporation, et dont près des 2/3, soit 10 milliards, condensés sur les cimes des Aurès, viendraient fertiliser cette immense plaine de *six cent mille hectares*, donnant ainsi au sol une valeur de plusieurs *milliards*.

A côté de ce grand résultat au point de vue agricole, parlerons-nous de l'importance militaire ; de cette frontière admirable ainsi obtenue, se défendant toute seule, opposant une barrière infranchissable, d'une part à la fuite des tribus rebelles voulant aller chercher un refuge dans le désert, d'autre part aussi aux incursions des nomades et pillardes tribus du Sud. Et au point de vue maritime enfin, quelle ne serait pas l'importance de cette mer de 800 kilomètres de côtes avec les ports de Nefta, de Tozeur, avec un port à créer près de l'embouchure de l'Igarghar, centre d'attraction pour toutes les caravanes et les provenances du désert, et détournant sur Tuggurt tout le courant qui se porte aujourd'hui sur Ghadamès et Tripoli.

Et au point de vue politique et moral, quelle preuve grandiose de notre puissance, quelle influence exercée sur les imaginations mobiles d'un peuple impressionnable, quel triomphe remporté sur ce sol où se poursuit la lutte séculaire entre l'islamisme destructeur et le génie créateur et progressif de l'antique civilisation chrétienne.

Craignons que dans cette voie, d'autres ne nous devancent. Déjà les Anglais se sont préoccupés de la possibilité d'inonder certaine partie du Sahara. Entre les caps Juby et Bojador, en face des îles Canaries, au sud de l'Atlas marocain, ils ont découvert une vaste dépresssion située à plus de 60 mètres au-dessous du niveau de la mer, et que sépare de l'Océan un faible bourrelet de dunes qu'ils songent à percer, s'ouvrant ainsi peut-être une voie vers Tombouctou.

Quoi qu'il en soit de l'avenir de ce projet, la France aura la gloire d'avoir été la première initiatrice, et l'œuvre si courageusement entreprise par le commandant Roudaire mérite assurément toutes nos sympathies.

Là où règnent le désert et la mort, ramener la vie et la fertilité ;

là où sous un ciel de feu, sur une mer de sable, l'Arabe nomade promène ses maigres troupeaux et son incurie fataliste, faire revivre la civilisation disparue ; retrouver partout les traces de la grandeur romaine et les surpasser ; rendre la fécondité au sol qui fut jadis le grenier du grand empire des Césars ; assurer à notre colonie africaine 400 kilomètres d'une frontière infranchissable ; offrir à notre marine, à notre commerce une mer intérieure avec 200 lieues de côtes, refuge certain contre un ennemi supérieur, porte toujours ouverte sur l'Orient, sur Constantinople, sur Suez, sur l'Egypte, et centre d'attraction prodigieuse pour les caravanes du désert ; donner, enfin, une base assurée aux entreprises futures vers l'Afrique centrale, le Bournou et ses régions mystérieuses, voilà brièvement résumées les promesses grandioses de cette œuvre féconde qui va bientôt s'accomplir.

Bientôt l'Arabe et le désert, le nomade et la solitude reculeront ensemble, devant le drapeau de la France portant dans ses plis glorieux la cause de la civilisation et de la liberté (1).

---

(1) Un des premiers résultats de notre pénétration au cœur de l'Afrique sera de faire disparaître l'esclavage qui décime les populations noires.

Lorient. — Imp. L. Chamaillard.

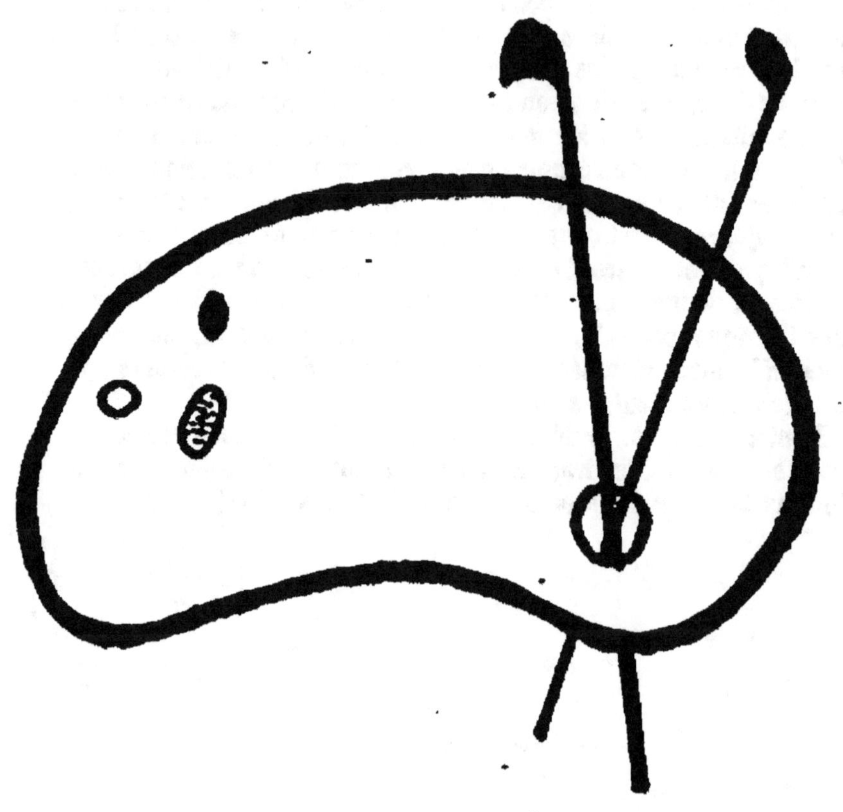

ORIGINAL EN COULEUR
NF Z 43-120-8